L'ALLIANCE ANGLAISE OU L'ALLIANCE RUSSE?

PARIS

CHEZ E. DENTU
LIBRAIRE-ÉDITEUR
Palais-Royal, 13, galerie d'Orléans

LIBRAIRIE NOUVELLE
Boulevard des Italiens, 15
A. BOURDILLIAT ET Cᵉ ÉDITEURS

1860

L'ALLIANCE ANGLAISE

OU

L'ALLIANCE RUSSE?

I

Une fois soulevés, les problèmes internationaux doivent être résolus; c'est la loi fatale de leur nature.

Que la diplomatie, que les gouvernements temporisateurs cherchent à les écarter, ils se manifestent en agitation dans l'opinion, en malaise dans les intérêts, en inquiétude dans les esprits, jusqu'à ce qu'ils éclatent en faits brutaux sur le terrain des événements.

C'est ce qui est arrivé pour la question d'Italie, — c'est ce qui se prépare pour la question d'Orient. On ne peut suspendre ni même simplement ralentir cette gravitation des sociétés qu'on nomme la marche de l'histoire. On ne peut pas plus empêcher une nationalité de se reconstituer ou de naître, qu'on ne peut empêcher un empire agonisant de mourir.

Le malheur des guerres d'Orient et d'Italie, d'ailleurs si glorieuses pour nos armes, a précisément été de ne pas trancher les difficultés qui les avaient produites.

Les questions sont restées pendantes. On a supprimé les effets, on a laissé subsister les causes.

Inde mali labes.....

Les traités de Paris et de Zurich ont produit la paix, c'est écrit; — mais ont-ils produit la pacification?

Demandez la réponse aux faits. Le massacre de Djedda, les égorgements de Damas, le Liban en feu, l'Italie en armes... Ne serait-ce encore là que les prodromes de quelque grande convulsion dont le monde est menacé?

II

C'est qu'en effet, il se passe autour de nous quelque chose d'illogique, d'étrange, mais qui s'offre presque toujours à l'approche des commotions profondes.

Une défiance que rien n'explique ni ne justifie semble s'être saisie de tous les gouvernements...

On est en pleine paix, et presque tous les parlements votent des budgets de guerre; l'Angleterre ajoute à sa dette énorme de nouvelles charges pour garnir ses côtes d'une ceinture de fer. Craint-elle sérieusement une descente? La France rend à la marine marchande une partie des matelots de ses escadres.

La Belgique redoute-t-elle une invasion, en armant Anvers comme une citadelle de refuge? La France réduit l'effectif de ses régiments.

Presque tous les États ouvrent des emprunts; partout retentissent des bruits d'armes; l'Autriche et le Piémont massent leurs troupes; la Russie crée des camps d'observation; la Prusse mobilise un de ses corps d'armée..... tandis que la France, occupée à réformer ses douanes, à abaisser ses tarifs, n'a de préoccupations guerrières que des entraînements chevaleresques, envoyant ses vaisseaux pleins de soldats en Turquie, en Cochinchine, en Chine, partout enfin où une grande infortune a besoin d'aide, où une cause généreuse a besoin de son sang.

Et c'est d'elle pourtant que s'inquiètent les cabinets, les ambassades; c'est contre elle que semblent vouloir se liguer les préjugés et les passions. Les princes s'agitent et se déplacent, les souverains se visitent, au récit d'une royale entrevue s'ajoute l'annonce d'un rendez-vous impérial. Aujourd'hui même le Czar offre l'hospitalité varsovienne à un congrès de souverains allemands; les journaux étrangers abondent en révélations, en suppositions, en commentaires et en échos d'entretiens mystérieux, conspirateurs...

III

Devant ces faits extraordinaires l'opinion publique, si calmée dans notre pays, commence enfin à s'émouvoir, et l'on se demande si au milieu de ces sourdes récriminations, de ces manœuvres ténébreuses, de ces attaques passionnées, de cette suspicion aveugle ou perfide, la France n'a pas autre chose à faire qu'à attendre, avec le calme de la vraie force, les éventualités de l'avenir; — si les efforts qu'on fait pour la rendre suspecte ne finiront point par soulever contre elle une de ces graves complications de haine et de défiance, de rivalités et d'intérêts, contre lesquelles il est prudent de se prémunir; — si enfin, les efforts que semblent faire ses ennemis pour s'entendre et l'isoler, ne lui créent pas un devoir impérieux : celui de prévenir une coalition inconcevable, mais possible, par quelque forte et loyale alliance.

IV

La question des alliances est pour les nations une question des plus capitales. L'histoire est là pour prouver que ce sont leurs alliances qui ont presque toujours été la source de leurs prospérités ou de leurs catastrophes. Elles furent de tout temps l'objet des plus vives sollicitudes de nos grands hommes d'État, et leur politique, à cet égard, est restée un des monuments de leur génie. Le règne de Louis XV est là pour prouver qu'on ne s'éloigne pas impunément de ces traditions glorieuses.

Les alliances internationales peuvent reposer — sur l'une ou l'autre, — ou sur plusieurs des considérations suivantes :

1° La communauté de principes et d'institutions des peuples ;

2° Les sympathies personnelles de leurs chefs ;

3° Les mariages entre membres des familles souveraines ;

4° L'identité et la conciliation des intérêts des nations.

Nous nous sommes proposé d'examiner laquelle de ces considérations peut et doit prévaloir aujourd'hui dans le choix d'une grande alliance pour la France. Les enseignements du passé sont là, tous graves, quelques-uns récents. Leur voix parle assez fortement pour être aisément entendue.

V

Entre quels peuples régna-t-il jamais une communauté de tendances sociales, de doctrines humanitaires et de principes politiques plus complète qu'entre la nation française et le peuple britannique, de 1830 et 1848?

Les institutions parlementaires de l'Angleterre étaient devenues l'idéal de nos hommes d'État ; l'objet des préoccupations de nos législateurs avait été d'en doter notre pays. L'alliance de la France et de l'Angleterre, fondée, entre les deux gouvernements, par les subtilités caressantes de M. de Talleyrand et la confiante générosité de M. de Broglie, était devenue comme la pierre angulaire de notre système politique.

On lui avait tout sacrifié, jusqu'à la protection de nos intérêts commerciaux et la dignité de notre pavillon. Nous ne rappellerons pas jusqu'à quels excès l'abus *du droit de visite* fut porté contre nos navires marchands... Nous achetions au prix de ces humiliations ce que les orateurs gouvernementaux appelaient *la paix du monde.* L'Angleterre était devenue comme une arche inviolable, nos diplomates appuyaient tous ses protocoles, nos consuls tenaient tous ses intérêts pour sacro-saints ; et il avait fallu une qualification plus expresse, plus intime que le mot d'*alliance* pour désigner le caractère des rapports qui unissaient les deux pays : celui d'*Entente cordiale* avait été trouvé. Tout était donc de nature à nous donner le droit de compter sur la sincérité et la sécurité de cette alliance.

Mais voilà que, soudain, la question d'Orient éclate, la guerre s'allume entre le sultan Mahmoud et le pacha d'Égypte Méhémet-Ali. Celui-ci organise dans la Syrie, que lui a livrée la victoire, l'ordre et la prospérité qu'il a établis en Égypte, et il rend ainsi à la vie politique et civile le midi de l'empire d'Osman, prêt à se dissoudre dans l'anarchie. Poussée par la Russie, qui veut lui faire accepter son dangereux protectorat, la Porte dispute à Méhémet-Ali, qu'appuie la France, la province qu'il a conquise sur ce désordre. Il semble que l'Angleterre ne doive pas hésiter à seconder aussi le puissant et victorieux vassal dont le génie peut régénérer l'Orient caduc! La Russie n'est elle pas la rivale de l'Angleterre dans ces contrées, et celle-ci n'a-t-elle pas essayé de nous entraîner contre cette rivale? Oui, mais le vice-roi d'Égypte est l'allié de la France, et les populations chrétiennes de la Syrie vivent, depuis Charlemagne, sous une protection dont l'ombre séculaire couvre encore officiellement leurs intérêts... C'est assez pour fixer la conduite de l'Angleterre!

Sympathies politiques, sentiments humanitaires, *entente cordiale*, tout est soudain sacrifié à la crainte de voir le triomphe de Méhémet-Ali assurer la prédominance de nos intérêts sur les plages du Levant. L'Angleterre abandonne brusquement l'alliance française et se jette du côté de la Russie. Le traité de Londres est signé, et les pavillons libéraux de la Grande-Bretagne sont prêts à s'unir aux drapeaux de l'Europe absolutiste, coalisée contre la France constitutionnelle!

VI

Voilà pour l'alliance basée sur la communauté de principes.

Avons-nous davantage à nous applaudir des alliances fondées sur les unions dynastiques?

Le bronze de l'une des dernières tombes de Schœnbrunn est là pour répondre! Les liens qui unissaient l'archiduchesse Marie-

Louise à Napoléon Ier ne retinrent pas l'Autriche en 1814. Elle n'hésita pas à concourrir de tout l'effort de ses armes au renversement du trône impérial, où était pourtant assise une fille des Césars.

VII

Les alliances qui reposent sur les sympathies personnelles des souverains sont-elles plus efficaces et plus durables?

Pour répondre à cette troisième proposition, notre pays n'aura à sortir ni de ses propres souvenirs, ni de sa cruelle expérience.

La paix de Tilsitt, établie sur cette base, eût assurément dû être inébranlable. Le jeune Alexandre Ier, ardent, confiant, chevaleresque, avait été subjugué par le prestige que Napoléon répandait autour de lui. Il l'avait quitté, non-seulement son allié, mais en même temps son ami.

Or, qu'était devenue cette sympathique alliance quelques années plus tard? Elle n'avait pu résister aux souffrances que le système continental fit éclater dans les provinces russes, en suspendant l'alimentation intérieure de leurs besoins, et l'écoulement de leurs produits. Les deux amis de la cordiale entrevue du Niémen reprenaient les armes, et les tournaient l'un contre l'autre...

VIII

Et sur quel écueil vinrent se briser toutes ces alliances — de la communauté des principes (l'Angleterre), — de l'union des familles (l'Autriche), — de la sympathie des souverains (la Russie)?

Contre celui des intérêts.

C'est qu'en effet il n'y a d'alliance solide que celle qui repose sur l'identité et la conciliation des intérêts de deux nations.

Sans doute cette règle est plus générale qu'absolue; elle offre de généreuses exceptions. Les nations ont, comme les individus, de nobles explosions qui leur font oublier toutes les préoccupations égoïstes pour n'écouter que l'enthousiasme et n'obéir qu'à l'ardente impulsion du cœur. Et quel peuple en a donné plus d'exemple, et de plus glorieux exemples que la France? N'a-t-elle pas spontanément et gratuitement rougi du sang de ses soldats le sol des Amériques, de la Belgique, de la Pologne, de la Grèce, et hier encore celui de l'Italie?

La France a sans nul doute très-noblement agi en cédant à ces entraînements passagers, mais ces entraînements n'en restent pas moins l'exception. Quant à la règle, elle dit qu'il n'y a d'alliance durable que celle qui repose sur le concours, la conciliation et l'équilibre des intérêts.

Sans doute, le mot est tout matériel, il est presque grossier! Mais laissons le mot, et prouvons que ce qu'il représente de complexe a toute l'élévation désirable.

Les intérêts d'un pays ne sont pas seulement sa prospérité commerciale, sa richesse manufacturière, l'écoulement de ses produits; — ils représentent aussi sa force et sa grandeur, car le bien-être des populations permet seul à l'instruction de s'y répandre, et avec l'instruction vient la moralité. Donc, peuple riche, — peuple plus instruit, — peuple plus moral. C'est ainsi que, loin de se matérialiser uniquement par la préoccupation de ses intérêts, un peuple se spiritualise.

Or, en partant de ce principe — que c'est l'alliance des intérêts qui doit être la préoccupation de la France, — examinons vers quelle nation il lui convient le mieux de se tourner.

IX

La politique séculaire de la France sous ses anciens rois fut de rechercher l'amitié et l'alliance des États secondaires. Elle assurait ainsi la supériorité de ses forces sur ses ennemis, et la suprématie de son autorité sur ses alliés. Les développements que leur importance et leurs territoires prenaient dans cette fédération lui assuraient d'ailleurs leur dévouement. N'est-ce pas, du reste, par l'application de ce principe envers la Prusse que celle-ci est née; l'aiglon n'est-il pas éclos ainsi dans le nid de milan de la maison de Brandebourg?

La politique française s'était constamment tenue, moralement comme matériellement, indépendante des deux grandes puissances qui aspiraient à la domination de l'Europe occidentale : l'Angleterre et l'*Empire*, que la couronne de celui-ci fût portée par l'Autriche ou par l'Espagne.

Ce ne fut qu'après avoir perdu la plus grande partie de son prestige et de son autorité que cette dernière, unie à la France par des nœuds dynastiques étroits, devint pour nous une alliée utile et dévouée.

X

Napoléon Ier apprécia, avec cette pénétration et cette fermeté de coup d'œil qui étaient en quelque sorte l'intuition de son génie, l'excellence de ce système. Aussi l'adopta-t-il résolûment dès son élévation au consulat, ne se préoccupant que d'en élargir les bases. La Prusse, encore dominée par ses préjugés politiques, atteinte déjà par les vapeurs du germanisme qui troublait les têtes allemandes, la Prusse repoussa toujours ces avances, et, malheureusement pour elle et pour la France, elle se déroba continuellement aux liens de solidarité internationale que Napoléon désirait former entre les deux nations. C'est dans ces refus qu'il faut chercher les causes de la rigueur avec laquelle l'Empereur la frappa après ses défaites.

Certain de la fidélité de l'Espagne, il s'efforça de suppléer aux répulsions de la Prusse en constituant des confédérations internationales sur le Pô et sur le Rhin. Mais il ne tarda pas à reconnaître que cette combinaison des alliances secondaires ne suffirait plus lorsqu'il faudrait contrebalancer la grande coalition de l'Autriche, de la Prusse et de l'Angleterre, si puissante sur les États secondaires, coalition toujours menaçante, même lorsque le triomphe de nos armes l'avait dissoute.

XI

C'est qu'il s'était alors introduit dans l'équilibre européen un élément nouveau qui avait changé toutes les conditions du passé. L'autocratie moscovite, encore ensevelie au dix-septième siècle dans les ténèbres de ses latitudes frigides, avait reçu du génie de Pierre le Grand et de Catherine II une impulsion si puissante, qu'elle avait pris place au milieu des grands États, et que, dès le commencement de ce siècle, ses forces et son influence commençaient à contre-balancer celle des plus forts empires.

Or la France, séparée de la Russie par toute la largeur de l'Europe, se trouvait, à l'égard de cette puissance, dans des conditions toutes différentes de celles où elle se voyait placée vis-à-vis des grands États occidentaux. Il n'y avait entre la Russie et la France ni froissement de voisinage, ni concurrence industrielle ou commerciale, ni rivalité historique, ni rien enfin de ce qui aigrit, blesse, irrite, passionne et arme les unes contre les autres les nations limitrophes.

En effet, ce n'était ni vers l'Ouest, ni sur l'Europe que le mouvement naturel de sa croissance portait la Russie à s'étendre; c'était évidemment sur le Midi et vers l'Asie. L'idée d'un Empire d'Orient — et d'un Empire d'Occident s'offrit à l'esprit de Napoléon. Ce fut le point de départ, l'objet du traité de Tilsitt. On sait comment l'hostilité de l'auteur du système continental contre l'Angleterre en fit évanouir les espérances !

XII

L'Europe ne s'offre-t-elle pas aujourd'hui sous l'aspect et dans les conditions diplomatiques où elle se présentait alors? N'y a-t-il pas analogie frappante, sinon identité complète, dans les deux situations ?

Comme alors, la France victorieuse sur le Tessin et sur le Mincio, se trouve en présence de l'Autriche trop profondément atteinte, d'une part, et de l'autre, dans une voie politique trop en opposition avec les idées françaises, pour qu'une alliance avec elle soit possible. Sur quelle base, en effet, pourrait reposer cette alliance? Il n'existe entre les deux pays que des préjugés hostiles, des intérêts blessés, des ressentiments militaires; tout ce qui divise, rien de ce qui unit!

Ainsi qu'alors, l'Espagne sympathique et l'Italie obligée, couvrent la France au Midi et au Sud-Est; le nouvel empire, comme le premier, n'a donc qu'à choisir entre — la Prusse, — l'Angleterre — et la Russie, — celle des puissances dont le concours peut le mieux assurer la prospérité de ses intérêts et le triomphe de sa politique.

XIII

La grande politique de Henri IV, de Richelieu et de Louis XIV, dans ses démêlés avec l'Autriche, fut toujours, nous l'avons dit, de s'appuyer sur les puissances secondaires de l'Allemagne, et surtout sur la Prusse. Au reste, rappelons-le : celle-ci y a trouvé son compte, car la France reconnaissante, d'un électorat, d'un duché lui a formé un royaume.

Napoléon Ier voulait suivre cette politique de tradition. Il ne fut pas compris; aussi s'en indigna-t-il, et, trois fois vainqueur de ses agressions imprudentes, fut-il de la plus grande sévérité contre la Prusse, qui se mettait toujours avec acharnement du côté de ses ennemis, et qu'il finit par frapper avec fureur.

Napoléon III trouva la France et la Prusse dans une situation semblable à celle où elles s'offrirent au premier Empire. Il savait de quel prix est cette armée prussienne dont l'artillerie est légitimement célèbre, et qui possède une infanterie telle, que ce fut la gloire de notre cavalerie d'en avoir enfoncé les carrés à Iéna. Le nouvel empereur désirait donc cette alliée, jadis recherchée par le premier de son nom, et il semblait disposé à seconder énergiquement le cabinet de Berlin dans la direction du grand mouvement unitaire qui doit infailliblement un jour faire une seule nationalité de tous les petits États absolutistes. Mais, comme au début du siècle, la Prusse ne sut pas, ou ne voulut pas comprendre...

XIV

Plus tard elle renouvela cette faute. Lors de la guerre de Crimée, ses sympathies la portaient vers la Russie. La seule crainte d'être attaquée sur le Rhin la fit résister aux sollicitations du Czar qui l'appelait aux armes. Cette politique lui fut pourtant si avantageuse, qu'au retour de la paix elle se trouvait avoir économisé beaucoup de sang et beaucoup d'or, tandis que l'Autriche moins circonspecte, en se mettant sur le pied de guerre, s'était en partie épuisée. Et les circonstances favorisèrent même si étrangement ces indécisions de la Prusse, que l'heure du Congrès venue, caressée par les divers belligérants, elle exerça une influence acceptée de tous.

Cette politique de prudence forcée, pendant la guerre de Crimée, fût devenue une politique d'habileté pendant celle d'Italie, puisqu'on y affaiblissait, y humiliait sa puissante rivale allemande. Mais la Prusse ne sut pas garder alors la même réserve. Elle s'agita, mobilisa. Il fallut tenir dans l'Est de la France une armée de 150,000 hommes toute prête à la contenir au besoin...

Et pourtant la conduite de cette grande puissance militaire était alors toute tracée en vue du splendide rôle de rénovation politique qui lui était, qui lui est toujours dévolu! Reprenant sa tradition diplomatique avec l'ancienne et généreuse alliée à qui elle devait la couronne fermée de ses souverains, elle n'avait qu'à renouveler pendant la campagne d'Italie ce qu'elle avait fait pendant la guerre de Crimée! Son immobilité, un peu timide de 1854, était d'ailleurs devenue pour elle un devoir. Ayant alors abandonné la Russie, son alliée intime, ce lui était une obligation morale que d'assister en simple observatrice aux défaites de celle qui fut, est et sera sa perpétuelle rivale.

La Prusse ne peut pas se le dissimuler : l'Autriche est son ennemie née. Les concessions qu'elle peut lui consentir sous la pression des nécessités ne seront jamais que temporaires ; elles s'évanouiront toujours avec les dangers qu'elles auront été destinées à conjurer. La suprématie que ces deux puissances affectent sur l'Allemagne est une cause incessante d'antagonisme et d'hostilité qui survivra éternellement. Tous les sacrifices que la Prusse pourra faire à cet antagonisme tourneront contre elle, l'ingratitude les couronnera toujours. Elle n'a, pour s'en convaincre, qu'à se demander si le refus qu'elle fit en 1848, de la couronne impériale de la Germanie, offerte à son vieux souverain par le parlement de Francfort, fléchit l'hostilité de la diplomatie autrichienne, lorsque la soumission de la Hongrie par les armes russes lui eut permis de renouer ses intrigues au milieu des petits États allemands, et de tenter de bouleverser toute la pondération de la Confédération germanique, en y introduisant ses populations italiennes, hongroises et slaves. Elle ne peut avoir oublié dans quel triste rôle M. de Manteuffel se vit relégué par le prince de Schwarzenberg, présidant le congrès de Dresde en véritable triomphateur. De tels souvenirs doivent rester des leçons.

Quelles espérances d'ailleurs ne s'offrent pas à la maison de Brandebourg dans cette voie! Ses aspirations, comme les rêves de toute la race germanique, ne peuvent-elles pas s'y trouver subitement réalisées? D'habiles concessions, que couvriraient assurément de larges compensations, peut, dans des éventualités probables, nécessaires presque, sortir un empire allemand, et par suite, cette unité nationale qu'appellent vainement les tronçons mutilés d'un grand peuple. Quel rôle magnifique pour le Prince-Régent! traduire le rêve épique d'une forte race, qui n'a jamais pu se constituer nation, en une réalité splendide! Lui donner plus qu'un Erminius... un Washington impérial!

XV

Jamais plus belle partie ne fut plus fatalement engagée ni plus gravement compromise. Au lieu d'éclairer l'esprit public et de le guider dans la voie d'une politique aussi large que véritablement pratique, on ne songea qu'à exalter les illusions de ses vieux rêves; on passionna son germanisme nébuleux, et l'on vit la Prusse constitutionnelle intriguer pour l'absolutisme viennois, — la Prusse protestante faire la guerre au profit de l'Autriche ultramontaine et concordataire, — la Prusse de Frédéric le Grand, enfin, mobiliser sa landwehr pour la défense de l'Autriche de Marie-Thérèse!

Il fallut toute la patience qu'une grande nation peut puiser dans la conscience de sa force, pour que la France ne se trouva point blessée de tous ces mouvements de troupes qui pouvaient lui paraître une insulte, en affectant d'être une menace...

L'entrevue de Tœplitz semble avoir engagé plus complétement la Prusse dans cette voie regrettable. Si l'on en croyait ce qu'on murmure dans les chancelleries, les provinces italiennes de l'Autriche auraient été assimilées par l'Allemagne aux provinces rhénanes de la Prusse. Mais le prince-régent est trop habile pour avoir accepté cette assimilation imprudente. Toutefois, s'il a résisté à cette demande pleine de périls, il n'en est pas moins certain qu'il s'est laissé entraîner à des concessions qui pourraient de nouveau modifier gravement l'attitude prise par le cabinet de Postdam.

La réprobation énergique dont l'opinion libérale au delà du Rhin frappe une telle politique, arrêtera-t-elle ce prince dans une voie aussi funeste? Pour le moment, c'est douteux; qu'il y prenne garde pourtant: ce n'est pas en Italie seulement que le sentiment de nationalité fermente; l'idée germanique marche et grandit. Pour n'être pas extérieures comme dans ces pays où le sang, échauffé par un ardent soleil, éclate fiévreusement en agitations révolutionnaires, cette marche et cette croissance n'en sont pas moins manifestes. Les préoccupations nationales de la jeune Allemagne descendent de la sphère des spéculations nuageuses pour passer dans celle de l'application. Leur expansion se révèle plus activement chaque jour, partout où bat un cœur dévoué et pense un esprit patriote. Son parlement populaire s'organise: Francfort et Cologne avaient vu ses premières assises; il vient d'avoir une nouvelle session où ses quatre cents membres ont eu pour président le prince libéral qui lui a ouvert sa capitale et un de ses palais. Entre Tœplitz qui reste encore un problème, et Varsovie qui, à cette heure même, est encore l'inconnu, il y a Cobourg...

C'est là un fait auquel le prince-régent doit réfléchir. La pensée germanique, qui a tendu jusqu'à présent à trouver un représentant dans sa maison, pourrait bien se personnifier dans un autre prince que dans un descendant des électeurs de Brandebourg. Qu'il y songe. Plus tard, il serait trop tard pour s'apercevoir de son erreur. Mais revenons au présent.

Dans les circonstances actuelles, la Prusse doit être regrettablement retranchée du choix des alliances de la France. — Restent l'Angleterre et la Russie.

XVI

L'Angleterre représente très-noblement la civilisation du dix-neuvième siècle. Son peuple intelligent, entreprenant, industrieux, courageux, est bien, comme il le dit lui-même, « un grand peuple! » Mais autant, et peut-être plus que les autres nations, le peuple anglais a ses défauts, dont quelques-uns sont portés jusqu'à la passion : un patriotisme ombrageux et jaloux, par exemple. En dehors de son horizon national, tout ce qui est grand l'irrite, tout ce qui brille l'offusque, tout ce qui s'élève l'inquiète, tout ce qui est puissant l'effraye. A tous ces égards la France ne saurait être son alliée.

Mais précisons davantage notre pensée : un exclusion basée sur l'expérience que nous impose l'histoire.

Sans rappeler de longues luttes remontant à cette victoire de Hastings qui fit passer la couronne d'Angleterre sur la tête d'un de nos ducs,—sans revenir au triste règne des Valois,—que de preuves de cette jalousie ardente, de cette haine vivace n'offre pas la seule histoire du siècle actuel? Que d'or et de sang n'ont pas coûté au cabinet de Saint-James les six coalitions qu'il fomenta contre la révolution française et le premier empire? Et pourtant, ce ne fut pas dans ces luttes armées qu'éclata avec le plus d'évidence cette haine envieuse; il était réservé aux discussions diplomatiques, à l'élaboration froide et calculée des traitées de Vienne, de montrer cette haine dans toute sa violence. Jamais voix irritée n'invoqua, avec une énergie plus implacable, le *vœ victis* que ne le fit, en cette occasion, la voix des diplomates anglais! Tout ce qui pouvait nous être enlevé nous fut arraché avec une joie sauvage : notre territoire national, nos colonies, notre matériel de guerre, nos vaisseaux. Ce n'était pas assez pour la Grande-Bretagne de s'enrichir de nos dépouilles, il fallait encore en doter nos voisins : les Pays-Bas, le Piémont, la

Prusse, la Suisse. On démantelait nos frontières, on tournait contre nous les fortifications, dont le génie de Vauban les avait couvertes. Nos plus belles possessions d'outre-mer nous étaient ravies; toute spoliation était légitime : telle fut la paix :

Ubi *desolationem* faciunt pacem appellant!

XVII

Et ce ne fut pas assez encore pour éteindre ces inextinguibles ressentiments; ceux de l'Angleterre survécurent à cette exécution sinistre. La vitalité énergique qui, chez nous, comme chez toutes les natures vigoureuses, répare ses pertes avec une extrême rapidité, l'étonna et l'inquiéta. Notre affaiblissement était son œuvre; elle ne songea plus qu'à le maintenir. Ce devint une de ses plus vives préoccupations, une de ses plus ardentes sollicitudes, et sa politique avec la France n'eut plus d'autre objet ni d'autre base. Il est véritablement curieux de suivre dans ses développements cette vigilance inquiète, cette persistance de surveillance qui enveloppe toutes nos activités, tous nos actes, tous nos intérêts : ports, arsenaux, débouchés extérieurs, armée, marine, colonies... tout ce qu'on nous avait anéanti, tout ce qu'on tremblait de nous voir créer à nouveau !

Ce furent d'abord nos tentatives de renaissance coloniale qui excitèrent sa surveillance et commencèrent à mettre en lumière le système de compression dont nous allions avoir à subir l'importun contrôle et les entraves.

C'est que c'était précisément là un point fort grave dans les combinaisons et les calculs de l'Angleterre. Sans colonies, point de marine marchande, et sans celle-ci point de forces navales. Notre déchéance maritime était donc la conséquence directe de notre anéantissement colonial, et ce dernier le triomphe de ses diplomates. Ils le croyaient scellé par les traités de Vienne et de Paris.

Que nous laissaient en effet ces traités du magnifique domaine d'outre-mer qui formait, un demi-siècle auparavant, une des sources les plus abondantes de la puissance et de la richesse de la France? Quelques débris, tristes épaves d'un immense naufrage que l'on ne semblait nous avoir rendus que parce qu'on les avait jugés sans prix et sans avenir : Saint-Pierre et Miquelon, dans les mers du Nord, où l'Angleterre nous avait enlevé le Canada, l'Acadie et Terre-Neuve; la Martinique, la Guadeloupe et Marie-Galande, dans cette mer des Caraïbes où la révolte nous avait fait perdre Saint-Domingue, et un traité de cession la Louisiane. La Grande-Bretagne conservait l'Ile-de-France, d'où le pavillon de nos frégates si longtemps victorieuses avait dominé la mer des Indes, en sorte qu'elle ne nous laissait que l'île Bourbon, rocher sans port, Pondichéry, Chandernagor et Carikal, dans ces contrées lointaines où Dupleix et La Bourdonnais avaient créé à la France tout un empire!

Quelles autres possessions nous avait-on tolérées? La Guyane aux rives marécageuses, où les tentatives de colonisation se comptaient par des désastres, — et le Sénégal, dont le vent brûlant du désert condamne les plages sablonneuses à une stérilité éternelle. Que pouvions-nous espérer de telles colonies? Quelles ressources pouvait y trouver notre marine? Au lieu d'offrir entre nos mains des éléments de puissance et de richesse, elles ne pouvaient y être qu'une cause de dépenses et de déceptions!

XVIII

Les résultats semblèrent d'abord justifier les prévisions, les espérances de l'Angleterre. En effet, à peine remise en possession de quelques parties de ses anciennes colonies, la France songea à leur donner, par une administration intelligente, tous les développements que comportait leur nature. Ses efforts portèrent d'abord sur le Sénégal, dont le climat paraissait devoir favoriser toutes les grandes cultures intertropicales. Un appel fut fait à l'ardeur colonisatrice de nos populations; des sommes importantes, pour l'état d'épuisement de nos finances, furent mises, par les chambres législatives, à la disposition du gouvernement; des primes élevées furent proposées pour les cultures dont le succès semblait offrir à l'avenir de cette colonie une importance décisive. L'Angleterre s'alarma peu de ces premiers efforts; elle se contenta d'établir quelques comptoirs sur la côte de Guinée. Cependant, comme il n'entrait ni dans ses résolutions, ni dans ses habitudes de laisser nos essais sans contrôle, et au besoin sans contrepoids, elle centralisa sur la frontière même de nos possessions, dans l'établissement qu'elle possédait à l'embouchure de la Gambie, toute son organisation administrative sur ces côtes. Cette tentative de colonisation agricole sur des plages arides, avait été faite avec autant de précipitation que d'imprévoyance; elle devait échouer; la Grande-Bretagne ne s'y était établie que pour être témoin actif de notre insuccès; ses possessions de la côte occidentale d'Afrique, ses comptoirs de la Côte-des-Dents et de la Côte-d'Or furent abandonnés.

XIX

L'Angleterre n'eut pas longtemps à s'applaudir de ce premier résultat de ses combinaisons diplomatiques, car elle ne tarda pas à s'apercevoir combien il est difficile d'arrêter les développements naturels d'une grande nation. On a beau tâcher de la comprimer, il y a toujours quelque lacune par où sa force expansive se fait jour.

En effet, la France avait déjà porté ses regards sur d'autres plages. Elle procéda cette fois avec plus de circonspection. Une commission d'enquête avait été chargée de se rendre dans notre Guyane et d'y étudier le projet de colonisation le plus en rapport avec la nature des lieux et les influences du climat; une autre dut étudier tout ce qui se rattachait à nos possessions dans l'océan Indien. L'administration hésitait entre les conclusions qui lui étaient soumises, lorsqu'un mémoire, rédigé avec autant de connaissances spéciales que d'habileté administrative, fut adressé de l'île Bourbon au ministère de la marine. Ce travail étendu signalait un fait important : que la clause des traités de 1815 qui rendait à la France toutes ses colonies autres que celles dont on lui avait imposé le sacrifice, lui restituait implicitement une vaste terre restée longtemps en sa possession et sur laquelle ses droits avaient un caractère historique : Madagascar.

Or, cette île joignait à de vastes rades, à des ports magnifiques, un sol d'une fécondité merveilleuse et propre à la culture de toutes les denrées coloniales.

La France pouvait donc retrouver là, réunis et multipliés, les avantages que lui avaient offert Saint-Domingue et l'île de France. Les conclusions du mémoire étaient trop évidentes pour n'être pas accueillies ; mais comme la France n'était pas alors en position de se jeter dans les dépenses d'une expédition lointaine de cette importance, on résolut d'étendre seulement à Tintingue, comme affirmation du droit, la prise de possession de l'île Sainte-Marie déjà projetée.

Cette nouvelle causa sur-le-champ en Angleterre autant d'inquiétude que de surprise.

C'était en effet le renversement de toutes les combinaisons du cabinet de Saint-James. La France rouvrait ainsi à sa navigation, et par suite à sa puissance navale, les horizons qu'on voulait lui fermer à jamais. L'amirauté prit son parti avec cette résolution qu'elle porte dans tous ses actes, dès que ses intérêts sont en jeu ; sur-le-champ elle donna des ordres ; évitant de se jeter dans des débats diplomatiques, au lieu de parler elle agit. Une expédition, qui était par le fait une protestation contre l'interprétation de la clause dont se prévalait la France, quitte l'île Maurice, et se rend à toute voile vers la belle et vaste baie de Suarez, où elle dépose le personnel et le matériel d'un premier établissement ; un fort sur lequel flotte le yacht britannique est aussitôt élevé pour la protection de la factorerie que l'on déclare immédiatement destinée à devenir dans peu le centre d'un grand mouvement commercial.

XX

La France pouvait-elle accepter une pareille usurpation, infraction manifeste de ses droits ? Non. Elle réclama énergiquement en plaçant sa protestation sous la protection des traités, qu'elle invoquait avec d'autant plus de force, qu'ils lui avaient été plus sévères...

Les événements modifièrent les prétentions de l'Angleterre sans qu'elle se désistât de son interprétation première. Son entreprise sur la côte Malgache avait eu l'issue la plus funeste. La garnison de son comptoir, d'abord décimée par la fièvre, avait été massacrée par les naturels, qui avaient brûlé les établissements et rasé le fort. La Grand-Bretagne objecta à notre revendication de droits la souveraineté des chefs indigènes, et particulièrement celle du roi Rhadama, qu'elle déclara son allié. Sans doute cette allégation tombait moralement devant les traditions du droit international européen, comme matériellement devant la tentative malheureuse qu'elle avait faite elle-même sur cette île. Mais qu'importait au cabinet de Saint-James? Il avait créé un prétexte pour s'opposer à notre occupation d'une colonie qui offrait d'énormes ressources à notre industrie, à notre commerce, à notre marine, en nous mettant en situation de disputer à la Grande-Bretagne l'empire et l'exploitation des mers, et ce prétexte, il l'avait trouvé dans ces mots sonores : le respect des souverainetés indigènes, et la protection qu'il devait à ses alliés...

L'Angleterre eut-elle de plus sincères motifs pour demander au ministère Polignac des explications sur les projets de la France contre le dey d'Alger, et plus tard pour refuser de reconnaître une conquête qui avait affranchi la navigation des tributs patents ou déguisés que l'Europe chrétienne du dix-neuvième siècle payait honteusement à un chef de pirates, pour se racheter de ses brigandages?

XXI

La monarchie de Juillet n'eut pas moins à souffrir que la Restauration des ressentiments et des ombrages de cette politique inquiète et envieuse. Forcée de chercher dans la Grande-Bretagne, puissance libérale, un point d'appui contre les hostilités de l'Europe absolutiste, elle n'obtint une alliance, que semblait lui assurer la communauté de principes, qu'au prix de sacrifices incessants. Chaque jour renouvelait les épreuves. Sur tous les grands marchés où les intérêts de leur commerce se trouvaient en concurrence et leurs droits en conflits, la France se voyait forcée de se courber sous la prédominance de son astucieuse rivale : ce fut ce qui eut lieu en Grèce, en Portugal, en Espagne, partout !

Nous ne reviendrons pas sur ce que nous avons dit plus haut ; en termes rapides, soit sur le droit de visite, soit sur la conduite de l'Angleterre en Orient, à l'époque de l'occupation de la Syrie par l'armée d'Ibrahim, et sur l'étrange couronnement que lord Palmerston préparait à l'*entente cordiale*. Le traité de Londres restera pour la diplomatie de l'Angleterre ce que seront éternellement pour sa politique les impérissables paroles tombées de la dunette du ***Bellérophon*** : une flétrissure. Complétons seulement par un rapide coup d'œil sur divers autres faits, sinon plus importants, du moins plus significatifs encore, le pénible exposé de cet antagonisme permanent, querelleur, envieux, passionné, que ne cessent de soulever nos contacts les plus simples avec l'Angleterre.

XXII

Dès que le sol national, longtemps agité par les dissensions civiles, se fut raffermi sous le trône de 1830, son gouvernement songea naturellement à donner à l'industrie et au commerce du pays l'essor qui devait fonder le bien-être national. Il s'y prépara avec tous les ménagements qu'il savait nécessaires devant la susceptibilité de son ombrageuse alliée.

Une de nos colonies, entre toutes, parut au gouvernement de Juillet en dehors des froissements internationaux : ce furent ces possessions de la côte occidentale d'Afrique, dont nous avons déjà parlé. Notre coûteuse expérience du Sénégal avait semblé éclairer l'Angleterre. A peine avions-nous songé à nous porter sur un autre point, que notre alliée, comme on l'a vu, avait elle-même négligé la contrée où elle n'était réapparue que pour nous faire obstacle, abandonnant tour à tour ses comptoirs d'Apollonie, de Winnebach et de Wedah.

Le seul point de la côte de Guinée où elle eut maintenu son pavillon flottant était l'embouchure de la Gambie. Or, la France, en faisant explorer le cours du Sénégal, avait reconnu que ce fleuve offrait des stations commerciales où la *troque* pouvait devenir un élément de prospérité pour la colonie. Là devaient converger aisément la gomme, les cuirs, l'ivoire, l'huile de palme et la poudre d'or de l'intérieur. En effet, les premières expériences pratiques démontrèrent qu'une vie nouvelle allait animer tous ces bords au grand profit de notre commerce. Mais l'Angleterre ne pouvait rester insensible à un pareil résultat. Elle revint immédiatement de l'indifférence qu'elle avait manifestée pour la côte occidentale d'Afrique, et non-seulement elle s'empressa d'établir sur la Gambie des factoreries de la même nature que les nôtres, mais bientôt ses agents parcoururent tout le haut pays jusqu'à la Nigritie, pour détourner à son profit les caravanes qui se dirigeaient vers nos établissements sénégaliens. Notre comptoir d'Albrèda, situé sur la Gambie, profita naturellement de ces efforts ; son commerce acquit une prospérité qui détermina un certain nombre d'armements, faits en destination des factoreries du Sénégal, à se diriger vers ses eaux. L'administration anglaise ne vit pas ce changement sans chercher à y mettre obstacle, et pour cela elle ne recula pas devant une prétention qui était la violation brutale de tous les principes. Elle prétendit, non-seulement avoir le droit de visiter les bâtiments français qui se rendaient à Albrèda, mais encore celui de prélever des taxes de douane sur toutes les marchandises qui, franchissant l'entrée de la Gambie pour gagner Albrèda, traversaient, disait-elle, les eaux britanniques avant d'entrer dans le port français !

Cette prétention souleva un long conflit. Par la transaction qui le termina en 1847, Albrèda devint un port anglais.

XXIII

Les faits du même ordre s'accumulent dans les souvenirs. Faisons un choix rapide, qui doit clairement nous conduire à notre conclusion.

Plusieurs maisons de Bordeaux et de Marseille, qui s'adonnaient particulièrement au commerce du Sénégal, jugèrent de la sûreté de leurs navires d'établir des points de stations sur la côte de Guinée. Semée d'écueils par la nature, cette côte était aussi fort inhospitalière par la rapacité de ses habitants. L'Etat crut nécessaire d'étendre sur ces parages la protection qu'il doit à ses nationaux. Il traita avec quelques chefs indigènes, de façon à en obtenir la pacifique occupation des escales choisies par la navigation. Rien de plus simple, rien de plus légitime !

Mais l'Angleterre ne l'entend pas ainsi. Lorsqu'on apprend à Londres que la marine française va posséder des points de protection et d'entrepôt sur ces côtes, tout s'émeut, depuis le lord de la chambre haute jusqu'au dernier trafiquant de la Cité. L'opinion presse d'agir un gouvernement qui n'avait pourtant besoin de nulle incitation. Le rétablissement des anciens comptoirs abandonnés est sur-le-champ décidé, et toutes les mesures les plus contraires à la prospérité et à la sûreté des nôtres sont décrétées avec l'ardeur envieuse qui anime peuple et gouvernement.

Veut-on des faits plus étranges encore? Ceux-là indignèrent tellement l'esprit public de la France, que l'alliance faillit être violemment brisée !

Le gouvernement français, éclairé par le zèle de plusieurs amiraux explorateurs, avait décidé de fonder dans les mers lointaines quelques établissements protecteurs de notre grande navigation. Les baleiniers entre autres réclamaient des ports de relâche où ils pussent trouver aide et secours. Dumont d'Urville avait signalé un petit groupe d'îles situé dans la mer du Japon. On n'osa l'occuper ; mais là encore l'initiative partit de notre commerce. Un officier de la marine marchande, le capitaine Langlois, ayant acheté de plusieurs chefs de la Nouvelle-Zélande la presqu'île de Bansk, située sur la côte orientale de l'île Tavaï-Paunamon, des maisons de Nantes et de Bordeaux s'associèrent pour y fonder un établissement colonial important. Des ports naturels sûrs et spacieux, un territoire fécond et couvert d'une végétation magnifique, assuraient à cette colonie, située dans des parages très-fréquentés, l'avenir le plus brillant. Rien ne répondait mieux aux vues du gouvernement, aux besoins de nos navigateurs, que cette localité. Pourtant, prévoyant à ce sujet de nouveaux conflits avec son ombrageuse alliée, la France voulut se borner à couvrir d'une sympathique protection une expédition dont la responsabilité apparente serait laissée complétement au commerce. On prêta à la compagnie une gabarre dont le nom officiel (*l'Aube*), fut changé en celui de *Comte-de-Paris*. Seulement une frégate reçut ordre de se trouver en temps voulu dans l'océan Austral pour protéger au besoin nos nationaux.

On part. Tout sourit d'abord à cette entreprise, rien ne semble s'opposer au succès; mais plusieurs jours avant le départ de l'expédition française, un aviso s'était détaché à toute vitesse d'un port anglais, porteur de dépêches ordonnant au gouverneur des possessions anglo-australiennes de prendre possession, au nom de S. M. Britannique, des deux îles de la Nouvelle-Zélande, avant l'arrivée de l'expédition française! En effet, lorsque le *Comte-de Paris* jeta l'ancre dans le beau port d'Akoroa, il trouva sur la plage un poteau portant le pavillon anglais, et la déclaration que le territoire appartenait à la Grande-Bretagne... Les terres achetées par nos explorateurs étaient ainsi brusquement passées sous le sceptre de sa *gracious Majesty!*

La France indignée réclama. L'Angleterre répondit flegmatiquement en arguant de la *priorité de son droit*. Nous nous retournâmes sur-le-champ vers les îles Marquises. On sait quelles difficultés l'Angleterre nous y suscita encore. Toutes ces ténébreuses intrigues restent résumées dans le nom du consul-apothicaire de S. M. Britannique : le trop fameux Pritchard!

Nous pourrions rappeler des griefs plus récents : l'opposition obstinée du cabinet britannique au percement de l'isthme de Suez, ce grand travail de la civilisation moderne; — les accusations calomnieuses et les commentaires haineux des correspondants du journalisme anglais attachés aux états-majors autrichiens, insultant le triomphe de nos armes durant la campagne d'Italie, comme ils l'avaient fait sous le précédent règne, lors des expéditions du Mexique et du Maroc; — l'ancienne malveillance qui chaque jour encore entraîne son gouvernement à sacrifier tous les droits de l'humanité à la crainte de voir l'influence de notre pavillon protecteur prévaloir en Syrie. Mais il nous suffira de citer la déloyauté avec laquelle on osa opposer aux réclamations de la France, lors des attentats dirigés contre la personne de l'Empereur, les dénis de justice d'une législation impuissante!

XXIV

De ces faits, indiqués au milieu de bien d'autres qu'il nous faut passer sous silence, et dont la continuité révélait incontestablement un système, ne se dégage-t-il aucune conclusion dont le présent doive se saisir? En les rapprochant de ce qui se dit, s'écrit ou s'accomplit chaque jour, en les mettant en présence des déclarations et des polémiques de la presse anglaise, des harangues, de ses deux chambres, des déclarations de son cabinet, des démonstrations et des intrigues de toute sorte, n'est-on pas surabondamment autorisé à constater que chez nos égoïstes voisins les hommes, les instruments changent, — mais que les principes, la politique sont immuables, implacables? Que c'est toujours l'esprit de Pitt, de lord Castelreagh et de sir Robert Peel qui vibre dans l'accent de lord Palmerston, comme il respirerait demain dans la voix des d'Israeli et des Derby?

Et pourtant, s'il est un pays qui ait contracté une dette de reconnaissance envers le second Empire, n'est-ce pas l'Angleterre? Lors de la guerre d'Orient, la France ne lui apporta-t-elle pas son ardent concours avec autant de dévouement que d'opportunité? Qui a triomphé sur ces champs de bataille? — nos armes — et ses intérêts! Si nous avons conservé le prestige tout moral de la gloire, elle a matériellement gardé tous les profits de l'expédition!

En effet, supposez la Russie victorieuse sur le Bosphore au moment de l'effroyable révolte des Indes, et qu'on nous dise à Londres sur quel front brillerait aujourd'hui le bandeau de l'empire Mogol? Et quelle preuve de reconnaissance la France a-t-elle obtenue depuis du peuple ou du gouvernement anglais? En quelle circonstance ne les avons-nous pas vus, au contraire, passer du côté hostile à nos sympathies, à nos vœux, à nos intérêts, lors même que les opinions, les traditions politiques de ces oublieux voisins étaient manifestement de l'autre? Et hier encore, au lendemain même du traité de commerce qui lui assure tant d'avantages de l'ordre qu'elle estime le plus, hier encore, dans cette question de la Savoie où elle est si complétement désintéressée, quelle irritation secrète n'a pas passionné jusqu'à l'injure la plume de ses publicistes et la voix de ses hommes d'État, si ce n'est cette vieille animosité toujours jalouse, toujours agitée des mêmes ressentiments et des mêmes craintes, animosité perfide qui se formule depuis quelques mois en précautions outrées, qui seraient risibles si elles étaient sincères?

La France peut semer du dévouement et des services sur ce sol ingrat, elle n'y récoltera jamais que des défiances et des haines. Là n'est donc point pour notre chevaleresque nation une loyale alliée !

XXV

Maintenant pouvons-nous concevoir l'espérance de nouer avec la Russie une alliance qui offre à la fois et plus d'avantages et plus de sécurité? Nous croyons que l'affirmative jaillira de ce qui nous reste à exposer.

La guerre qui a inauguré les aigles du second Empire d'une façon momentanément si désastreuse pour la Russie, ne saurait, philosophiquement, y apporter d'obstacle. Des adversaires courageux et loyaux déposent souvent les armes pour se tendre aussitôt la main.

C'est en effet ce qui est arrivé entre la France et la Russie dans la guerre de Crimée. La bienveillance générale que cette grande puissance a trouvée chez nous, lors des débats du traité de Paris, a donné une consécration nouvelle à ces sympathies nées d'une profonde estime.

Sans doute les opinions traditionnelles que représente la politique des deux pays semblent tout d'abord creuser entre eux une démarcation profonde. Mais — outre que la conduite du czar Alexandre, depuis son avénement au trône, prouve que le prince en qui la Russie émancipée honorera un jour son Louis Le Gros, n'est pas aussi éloigné que les antécédents de la chancellerie de Pétersbourg pourraient le faire penser, des principes libéraux qui régissent la politique occidentale, — n'avons-nous pas posé que les alliances internationales peuvent avoir d'autres bases que la stricte conformité des opinions ? Elles doivent en effet chercher surtout celle des *intérêts ;* aussi est-ce, selon nous, sur cette base solide que peut aisément s'asseoir l'alliance à intervenir entre ces deux grandes nations.

XXVI

Et d'ailleurs, établissons-le bien : il y a beaucoup plus d'analogie entre le caractère français et le caractère russe qu'on ne pourrait l'attendre des conditions géographiques où s'offrent chacun de ces peuples. En effet, il ne faut pas une bien longue étude ethnographique et physiologique de ces deux grandes entités nationales, pour reconnaître en elles deux bras de ce large et antique écoulement de populations dont la source est sur les plateaux de l'Arie. Ses flots, troublés en traversant les marais de la Germanie, semblent s'être dépouillés de leur fange tudesque dans leur reflux vers les plaines gauloises, et avoir repris, en coulant sous des cieux méridionaux, la pureté qu'ils ont conservée sous un climat plus rapproché de leurs montagnes originaires. Il suffit de la fréquentation du monde parisien où se mêlent, particulièrement depuis quelques années, tant de Russes de tout rang, pour être frappé des traits similaires que présentent les deux nationalités, et concevoir dès lors les sympathiques attractions qui doivent unir — le peuple qui touche au but de la civilisation — et celui qui y aspire.

Mais ce n'est là, du reste, qu'une considération pour ainsi dire secondaire. Le point grave, le fait capital et décisif de la question, c'est surtout la facilité avec laquelle peuvent se combiner les intérêts des deux nations, alors même que ces intérêts ne sont pas complétement identiques.

XXVII

Et d'abord, une considération de premier ordre : c'est que si aucun des développements que pourrait prendre le territoire ou la prospérité de l'empire français ne lèse les intérêts Russes, les développements où tend la force expansive de l'empire des Czars ne peuvent que seconder les intérêts de la France.

Catholiques, nous ne pouvons que nous applaudir de voir les armées russes refouler le fanatisme musulman dans l'Asie ; — peuple civilisé, nous ne pouvons qu'applaudir à la victoire libératrice qui arracherait les plaines fécondes de la Roumélie à la sauvage barbarie qui les frappe de stérilité.

La seule question grave que pût susciter le démembrement de la Turquie serait l'attribution de Constantinople. Sans doute il est difficile d'admettre que la France puisse consentir à voir la Russie arborer la croix grecque sur la coupole de Sainte-Sophie. Le développement que donnerait à cette puissance son établissement sur le Bosphore augmenterait trop démesurément ses forces, pour ne pas rendre impossible le rétablissement de tout équilibre international. *Mais la question byzantine réservée,* il n'est pas de développement de la Russie vers le Midi auquel ne puisse acquiescer la France, et c'est vers le Midi qu'aspire naturellement à s'étendre l'empire des Czars. Tout l'y appelle, similitude de races comme aménité du climat. Le Russe, proprement dit, sent que toutes ses affinités naturelles l'éloignent des peuplades finoises pour le rapprocher de ces populations au visage carré, à la constitution sèche, au génie enthousiaste et rêveur qui constituent la race slave, race fortement caractérisée, dont les flots se sont étendus des plaines de la Lithuanie jusqu'aux massifs du Monténégro et aux rives de la mer Caspienne. Le Russe sait que tous ces peuples où fermentent, sous les idées du panslavisme, des aspirations ardentes vers une nationalité commune, sont les éléments naturels dont l'assimilation peut seule et doit constituer un jour sa puissante et vaillante unité.

Et, d'ailleurs, n'est-ce pas vers le Midi qu'est le sol fécond, le ciel bienveillant, la nature amie, la vie douce et facile? L'homme du Nord a toujours rêvé du pays des raisins; il a toujours regardé d'un œil d'envie les contrées heureuses que bénit le soleil! De là ces continuels débordements populaires qui, dans l'antiquité, venaient presque périodiquement des profondeurs boréales se perdre au milieu des populations du Midi.

Eh bien! ces aspirations de la Russie, ces tendances expansives vers la Roumélie et le Bosphore, rencontrent des ennemis nécessaires dans l'Autriche comme dans l'Angleterre : dans l'Autriche, dont elles menacent l'existence en débordant et en enveloppant son territoire; dans l'Autriche, qui sent que les sympathies originaires de toutes ses populations orientales et méridionales se raniment à ce contact, et que, par suite, ces peuples sont prêts à lui échapper;... dans l'Angleterre, dont ce rapprochement de l'empire des Czars met la domination indienne en échec.

Les tendances de la Russie trouvent au contraire dans la France une alliée naturelle. Nous sommes portés vers leur réalisation par nos sympathies et par nos intérêts. Or, pour toucher ce but, Alexandre II n'a besoin que de notre concours, que de notre alliance.

XXVIII

La nature des relations commerciales de la Russie ne se concilierait pas moins favorablement avec cette alliance que l'intérêt purement national, politique.

Tandis que sa production naturelle échange ses chanvres, ses bois, ses suifs, ses goudrons, ses résines, ses métaux, etc., contre nos vins et les produits de nos industries élégantes, elle donne chaque jour de nouveaux développements à son commerce avec l'Asie centrale et avec l'extrême Orient. Que le chemin de fer qu'elle prépare relie Saint-Pétersbourg et Moscou avec le fleuve Amour, dont les eaux se déchargent dans les mers du nord de la Chine, et ce commerce, qui ne peut inquiéter que l'Angleterre (laquelle transporte en Chine tout son opium des Indes qu'elle échange contre la soie et les thés, ainsi obtenus sans versement de numéraire), et ce commerce, disons-nous, prendra bientôt l'importance la plus sérieuse, non-seulement pour la France, mais aussi pour presque tout le reste de l'Europe.

Nulle part donc où nous ayons à redouter la concurrence du commerce et de l'industrie russes; — nulle part même où nous n'ayons à faire des vœux pour leur prospérité!

Cette unité complète d'intérêts est un fait grave, capital, décisif. Quoi qu'on fasse, quelques combinaisons que noue l'intrigue, elles ne sauraient prévaloir contre un pareil fait.

Il sera toujours facile à une diplomatie intelligente et loyale de renverser tous les échafaudages que les préjugés et les passions auront tenté de lui opposer, et de substituer ses solutions à toutes ces élucubrations, ces faussetés, ces arguties. On pourra multiplier les entrevues et les visites, on pourra arrêter des *memento* ou dresser des *memoranda*... on n'empêchera pas l'Angleterre de voir avec une anxiété implacable tous les développements de la Russie vers le Midi; on n'empêchera pas les intérêts de l'Autriche d'être aussi hostiles à ceux de la Russie dans la question d'Orient qu'à ceux de la Prusse dans la question germanique. Les intérêts resteront les mêmes, la nature des choses la même, c'est-à-dire toujours prêts à déchirer le voile mensonger sous lequel on se sera efforcé de les dissimuler. On n'empêchera point enfin ce fait évident d'apparaître un jour irréfragable : c'est que la Russie a beaucoup à perdre dans l'inimitié de la France, — et qu'elle a tout à gagner à être sa loyale alliée.

XXIX

Qu'une alliance forte et sincère s'établisse entre la France, la Russie et la Prusse — ou seulement entre l'empire français et celui des Czars, et toutes les questions pendantes : la question turque — comme la question italienne — comme la question germanique, se résolvent logiquement, sous l'influence et sous l'autorité de cette toute-puissante alliance.

Que cette combinaison s'accomplisse ainsi que les événements qu'elle comporte; que les modifications territoriales qu'elle entraîne se réalisent, chaque peuple dès lors semble avoir sa mission civilisatrice providentiellement tracée :

L'Asie est le champ ouvert à l'activité de la Russie nouvelle; la Chine, le Thibet, la Perse s'offrent aux spéculations de son commerce et de sa politique.

La France a l'Afrique que domine au Nord son autorité ou son influence; que lui ouvrent, à l'Ouest, ses possessions sénégalaises, et dont la suzeraineté orientale peut lui être acquise par la colonisation de Madagascar.

L'Angleterre a l'Australie, dont en moins d'un demi-siècle elle a couvert les côtes de cités florissantes.

L'Amérique du Sud appartient à l'empire et à l'influence des peuples ibériens, — comme l'Amérique septentrionale obéit à la puissante initiative de la race anglo-saxonne.

A chaque peuple, dans cette grande élaboration civilisatrice du monde, de poursuivre pacifiquement ses destinées :

Magnus ab integro sæclorum nascitur ordo.

FIN.

Paris. — Imp. de la Librairie Nouvelle. A. Bourdilliat, 15, rue Breda.

www.ingramcontent.com/pod-product-compliance
Ingram Content Group UK Ltd.
Pitfield, Milton Keynes, MK11 3LW, UK
UKHW032023260826
14628UKWH00006B/2682

9 782014 091243